사｜경｜본

우리말 아미타경

사│경│본

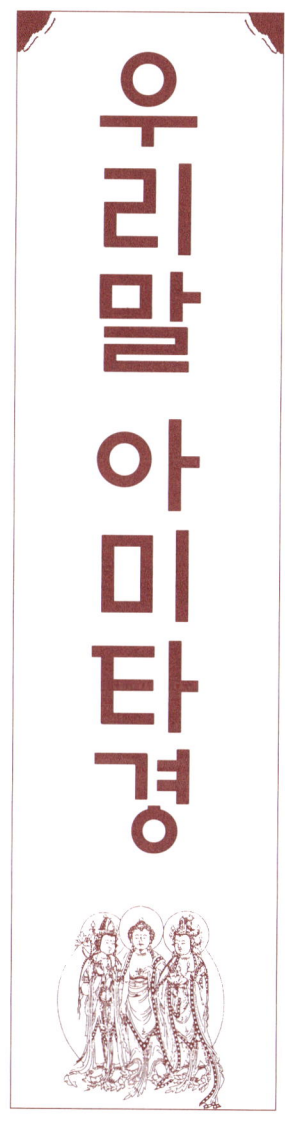

우리말 아미타경

조계종출판사

우리말 아미타경

아미타경은 아미타불의 본원력(本願力)으로 이루어진 극락세계의 장엄을 설명하는 경전입니다.

정토(淨土)에 왕생하는 길이 아미타불을 칭명염불(稱名念佛)하는 데 있다는 내용을 담고 있습니다. 무량수경·관무량수경과 함께 정토삼부경이라고 하며, 불교신도들 사이에 가장 많이 유포되어 독송되던 경전 가운데 하나입니다.

아미타경은 여러 차례 한역(漢譯)되었는데, 구마라집(鳩摩羅什) 번역본이 가장 널리 유포되었습니다. 이 책 우리말 아미타경은 『혜총 스님의 아미타경 강설』(조계종출판사)에 실린 운허용하(耘虛龍夏, 1892-1980)스님의 한글본을 저본으로 했습니다.

사경이란

사경은 부처님의 가르침이 담긴 경전과 다라니 등을 옮겨 쓰는 것을 말합니다. 이는 경전을 깊이 이해하려는 목적도 있지만, 신심을 증장시키고 참회와 발원 삼매에 이르는 수행적 의미가 큽니다.

또한 돌아가신 부모의 명복과 나라의 안녕을 위한 발원으로 사경한 내용을 불상, 탑 등에 모실 때 사리 및 장엄구 등과 함께 봉안하여 부처님의 말씀을 후대에 전한다는 의미가 있습니다.

● 사경의 가치 ●

· 만약 어떤 사람이 경전을 사경, 수지, 해설하면 대원을 성취한다

_법화경 법사공덕품

· 사경의 공덕이 탑을 조성하는 것보다 수승하다

_ 도행반야경 탑품

정성을 다해 사경하는 이에게는 관세음보살님의 가피와 위신력으로 번뇌와 어리석은 마음이 없어지고 지혜가 생겨납니다. 또한 마음이 안정되고 평화로워져 미소가 떠나지 않습니다. 내면의 평화는 집안의 평화를 가져오고 참회와 업장소멸, 소원성취가 절로 이뤄집니다.

사경을 반드시 처음부터 끝까지 한 번에 써내려갈 필요는 없습니다. 마음속에 새기고 싶은 구절이 있을 때에는 여러 번 읽고 사색에 잠기는 것도 좋습니다. 사경을 통해 내용을 '나의 것'으로 만들고 공덕을 쌓는 것이야말로 진정한 사경의 가치라 할 수 있습니다.

● 사경의 공덕 ●

- 어리석고 어둡던 마음이 밝아지고 총명해진다.
- 심한 번민과 갈등이 가라앉고 편안한 마음을 회복한다.
- 오랜 병고가 무너지고 심신이 강건해진다.
- 속세의 업장이 소멸되고 마음은 무한한 기쁨과 환희심으로 충만된다.
- 소원이 이루어지고 한량없는 부처님의 가피력을 지닌다.
- 인내력과 정진력이 뛰어나 어려운 일 없이 모든 일이 원만히 성취된다.

● 사경의 방법

1. 몸을 정결히 하고 옷차림을 단정히 합니다.
   (사경 준비 : 사경상, 방석, 필기도구 등)
2. 경건한 마음으로 합장하며 사경할 부분을 독송합니다.
3. 마음을 고요히 하고 정성스레 사경을 시작합니다.
4. 사경을 마친 후 옮겨 쓴 경을 독송합니다.
5. 독송이 끝나면 사경한 날짜를 쓰고, 사경 발원문을 생각하며 축원합니다.
6. 삼배로 의식을 마칩니다.
7. 완성된 사경은 집 안에서 가장 높은 곳이나 정갈한 곳에 보관하거나 부처님 전에 올립니다.

● 사경 횟수

- 이 사경집은 우리말 아미타경을 6번 쓸 수 있도록 엮었습니다.
  부족하다고 여겨지면 형편에 맞춰 더 사경하시는 것이 좋습니다.

- 무작정 사경 횟수만을 맞추기보다는 각자의 원력이나 형편에 맞추어 쓰면서
  기도하시기 바랍니다.

발 원 문

_____

_____

_____

_____

_____

_____

_____

_____

_____

_____

발원재자 發願齋者 :

우리말 아미타경

1 불설아미타경

나무 연지해회 불보살
나무 연지해회 불보살
나무 연지해회 불보살

이와 같이 내가 들었다. 어느 때 부처님은 1,250인이나 되는 많은 비구들과 함께 사위국 기원정사에 계시었다.
그들은 모두 덕이 높은 큰 아라한으로 여러 사람들이 잘 아는 이들이었다. 즉, 장로 사리불·마하목건련·마하가섭·마하가전연·마하구치라, 리바다·주리반타가·난다·아난다·라후라·교범바제·빈두로파라타·가

루다이 · 마하겁빈나 · 박구라 · 아누루타와 같은 큰 제자들이었다.

이 밖에 법의 왕자인 문수사리를 비롯하여 아일다보살 · 건타하제보살 · 상정진보살 등 큰 보살과 석제환인 등 수많은 천인들도 자리를 같이 했었다. 그때 부처님께서 장로 사리불에게 말씀하셨다.

"여기에서 서쪽으로 십만억 불국토를 지나간 곳에 극락이라고 하는 세계가 있다. 거기에 아미타불이 계시어 지금도 법을 설하신다. 사리불이여, 저 세계를 어째서 극락이라 하는 줄 아는가? 거기에 있는 중생들은 아무 괴로움도 없이 즐거운 일만 있으므로 극락이라 하는 것이다.

극락세계에는 일곱 겹으로 된 난간과 일곱 겹의 나망과 일곱 겹의 가로수가 있는데, 금·은·청옥·수정의 네 가지 보석으로 눈부시게 장식되어 있다. 극락세계에는 또 칠보로 된 연못이 있고, 그 연못은 여덟 가지 공덕이 있는 물로 가득 찼으며, 연못 바닥에는 금모래가 깔려 있다. 연못 둘레에는 금·은·청옥·수정의 네 가지 보석으로 된 네 개의 층계가 있고, 그 위에는 누각이 있는데, 금·은·청옥·수정·붉은 진주·마노·호박으로 찬란하게 꾸며져 있다. 그리고 그 연못 속에는 수레바퀴만 한 연꽃이 피어, 푸른빛에서는 푸른 광채가 나고, 누른빛에서는 누른 광채가, 붉은빛에서는 붉은 광채, 흰빛에서는

흰 광채가 나는데, 참으로 아름답고 향기롭고 정결하다. 사리불이여, 극락세계는 이와 같은 공덕장엄으로 이루어졌느니라.

사리불이여, 또 저 불국토에는 항상 천상의 음악이 연주되고, 대지는 황금색으로 빛나고 있다. 그리고 밤낮으로 천상의 만다라 꽃비가 내린다. 그 불국토의 중생들은 이른 아침마다 바구니에 여러 가지 아름다운 꽃을 담아 다른 세계로 다니면서 십만억 부처님께 공양하고, 조반 전에 돌아와 식사를 마치고 산책한다. 사리불이여, 극락세계는 이와 같은 공덕장엄으로 이루어졌느니라.

또 그 불국토에는 아름답고 기묘한 여러 빛깔을 가진 백학·공작·앵무새·사리새·가릉

빈가·공명조 등이 밤낮을 가리지 않고 항상 화평하고 맑은 소리로 노래한다. 그들이 노래하면 오근과 오력과 칠보리분과 팔정도를 설하는 소리가 흘러나온다. 그 나라 중생들이 그 소리를 들으면, 부처님을 생각하고 법문을 생각하며 스님들을 생각하게 된다.

사리불이여, 이 새들이 죄업으로 생긴 것이라고는 생각하지 말라. 왜냐하면 그 불국토에는 지옥·아귀·축생 등, 삼악도가 없기 때문이다. 거기에는 지옥이라는 이름도 없는데 어떻게 실지로 그런 것이 있겠는가. 이와 같은 새들은 법문을 설하기 위해 모두 아미타불께서 화현으로 만든 것이다.

그 불국토에 미풍이 불면 보석으로 장식된 가

로수와 나망에서 아름다운 소리가 나는데, 그것은 마치 백천 가지 악기가 합주하는 듯하다. 이 소리를 듣는 사람은 부처님을 생각하고 법문을 생각하며 스님들을 생각할 마음이 저절로 우러난다. 사리불이여, 극락세계는 이와 같은 공덕장엄으로 이루어졌느니라.

사리불이여, 그 부처님을 어째서 '아미타불'이라 하는 줄 아는가? 그 부처님의 광명이 한량없어 시방세계를 두루 비추어도 조금도 걸림이 없기 때문이다.

또 그 부처님의 수명과 그 나라 인민의 수명이 한량없고 끝이 없는 아승기겁이므로 아미타불이라 한다. 아미타불이 부처가 된 지는 벌써 열 겁이 지났다.

사리불이여, 그 부처님에게는 헤아릴 수 없이 많은 성문 제자들이 있는데 모두 아라한들이다. 어떠한 산수로도 성문 제자들의 수효를 헤아릴 수 없고, 보살 대중의 수도 또한 그렇다. 사리불이여, 극락세계는 이와 같은 공덕장엄으로 이루어졌느니라.

사리불이여, 극락세계에 태어나는 중생들은 다 보리심에서 물러나지 않는 이들이며, 그 가운데는 일생보처에 오른 이들이 수없이 많아 숫자와 비유로도 헤아릴 수 없고, 오직 무량무변 아승기로 표현할 수밖에 없다.

이 말을 들은 중생들은 마땅히 서원을 세워 저 세계에 가서 나기를 원해야 할 것이다. 왜냐하면, 거기 가면 그와 같이 으뜸가는 사람

들과 한데 모여 살 수 있기 때문이다.

사리불이여, 조그마한 선근이나 복덕의 인연으로 저 세계에 가서 날 수 없느니라.

선남자 선여인이 아미타불에 대한 이야기를 듣고 하루나 이틀, 혹은 사흘·나흘·닷새·엿새·이레 동안 한결같은 마음으로 아미타불의 이름을 외우되, 조금도 마음이 흐트러지지 않으면 그가 임종할 때에 아미타불이 여러 거룩한 분들과 함께 그 사람 앞에 나타날 것이며 그가 목숨을 마칠 때에 생각이 뒤바뀌지 않고 아미타불의 극락세계에 왕생하게 될 것이다.

사리불이여, 나는 이러한 도리를 알고 그와 같은 말을 하나니, 어떤 중생이든지 이 말

을 들으면 마땅히 저 국토에 가서 나기를 원하라.

사리불이여, 내가 지금 아미타불의 한량없는 공덕을 찬탄한 것처럼, 동방에도 아촉비불·수미상불·대수미불·수미광불·묘음불이 계신다. 이러한 수없는 부처님들이 각기 그 세계에서 삼천대천세계에 두루 미치도록 진실한 말씀으로 "너희 중생들은 '불가사의한 공덕의 칭찬' '모든 부처님이 한결같이 보호함'이라고 하는 이 법문을 믿으라."고 설법하시느니라.

사리불이여, 남방세계에도 일월등불·명문광불·대염견불·수미등불·무량정진불이 계신다. 이러한 수없는 부처님들이 각기 그 세

계에서 삼천대천세계를 두루 미치도록 진실한 말씀으로 "너희 중생들은 '불가사의한 공덕의 칭찬' '모든 부처님이 한결같이 보호함'이라고 하는 이 법문을 믿으라."고 설법하시느니라.

사리불이여, 서방세계에도 무량수불·무량상불·무량당불·대광불·대명불·보상불·정광불이 계신다. 이러한 수없는 부처님들이 각기 그 세계에서 삼천대천세계를 두루 미치도록 진실한 말씀으로 "너희 중생들은 '불가사의한 공덕의 칭찬' '모든 부처님이 한결같이 보호함'이라고 하는 이 법문을 믿으라."고 설법하시느니라.

사리불이여, 북방세계에도 염견불·최승음

불·난저불·일생불·망명불이 계신다. 이러한 수없는 부처님들이 각기 그 세계에서 삼천대천세계를 두루 미치도록 진실한 말씀으로 "너희 중생들은 '불가사의한 공덕의 칭찬' '모든 부처님이 한결같이 보호함'이라고 하는 이 법문을 믿으라."고 설법하시느니라.

사리불이여, 하방세계에도 사자불·명문불·명광불·달마불·법당불·지법불이 계신다. 이러한 수없는 부처님들이 각기 그 세계에서 삼천대천세계를 두루 미치도록 진실한 말씀으로 "너희 중생들은 '불가사의한 공덕의 칭찬' '모든 부처님이 한결같이 보호함'이라고 하는 이 법문을 믿으라."고 설법하시느니라.

사리불이여, 상방세계에도 범음불·숙왕불·

향상불·향광불·대염견불·잡색보화엄신불·사라수왕불·보화덕불·견일체의불·여수미산불이 계신다. 이러한 수없는 부처님들이 각기 그 세계에서 삼천대천세계를 두루 미치도록 진실한 말씀으로 "너희 중생들은 '불가사의한 공덕의 칭찬' '모든 부처님이 한결같이 보호함'이라고 하는 이 법문을 믿으라."고 설법하시느니라.

사리불이여, 이 경을 가리켜 어째서 모든 부처님들이 한결같이 보호하는 법문이라 하는 줄 아는가? 선남자 선여인들이 있어 이 법문을 듣고 받아 지니거나 부처님의 이름을 들으면, 모든 부처님의 보호를 받아 바른 깨달음에서 물러나지 않기 때문이다. 그러므로 그

대들은 내 말과 여러 부처님의 말씀을 잘 믿어라.

사리불이여, 어떤 사람이 아미타불의 세계에 가서 나기를 이미 발원하였거나 지금 발원하거나 혹은 장차 발원한다면, 그는 바른 깨달음에서 물러나지 않고, 그 세계에 벌써 났거나 지금 나거나 혹은 장차 날 것이다. 그러므로 신심이 있는 선남자 선여인은 마땅히 극락 세계에 가서 나기를 발원해야 할 것이다.

사리불이여, 내가 지금 여러 부처님의 불가사의한 공덕을 칭찬하듯이, 저 부처님들도 또한 "석가모니 부처님이 어렵고 희유한 일을 하셨다. 시대가 흐리고, 견해가 흐리고, 번뇌가 흐리고, 중생이 흐리고, 생명이 흐린 사바

세계의 오탁악세에서 바른 깨달음을 얻고 중생들을 위해 세상에서 믿기 어려운 법을 설한다."고 나의 불가사의한 공덕을 칭찬하시느니라.

사리불이여, 내가 이 오탁악세에서 갖은 고생 끝에 바른 깨달음을 얻고, 모든 세상을 위해 믿기 어려운 법을 설하는 것은 결코 쉬운 일이 아님을 알아라."

부처님께서 이 경을 말씀하시니, 사리불과 비구들과 모든 세간의 천인 아수라들도 부처님의 말씀을 듣고 기뻐하면서 예배하고 물러갔다.

사경한 날 :   년   월   일

2 불설아미타경

나무 연지해회 불보살

나무 연지해회 불보살

나무 연지해회 불보살

이와 같이 내가 들었다. 어느 때 부처님은 1,250인이나 되는 많은 비구들과 함께 사위국 기원정사에 계시었다.

그들은 모두 덕이 높은 큰 아라한으로 여러 사람들이 잘 아는 이들이었다. 즉, 장로 사리불·마하목건련·마하가섭·마하가전연·마하구치라, 리바다·주리반타가·난다·아난다·라후라·교범바제·빈두로파라타·가

루다이·마하겁빈나·박구라·아누루타와 같은 큰 제자들이었다.

이 밖에 법의 왕자인 문수사리를 비롯하여 아일다보살·건타하제보살·상정진보살 등 큰 보살과 석제환인 등 수많은 천인들도 자리를 같이 했었다. 그때 부처님께서 장로 사리불에게 말씀하셨다.

"여기에서 서쪽으로 십만억 불국토를 지나간 곳에 극락이라고 하는 세계가 있다. 거기에 아미타불이 계시어 지금도 법을 설하신다. 사리불이여, 저 세계를 어째서 극락이라 하는 줄 아는가? 거기에 있는 중생들은 아무 괴로움도 없이 즐거운 일만 있으므로 극락이라 하는 것이다.

극락세계에는 일곱 겹으로 된 난간과 일곱 겹의 나망과 일곱 겹의 가로수가 있는데, 금·은·청옥·수정의 네 가지 보석으로 눈부시게 장식되어 있다. 극락세계에는 또 칠보로 된 연못이 있고, 그 연못은 여덟 가지 공덕이 있는 물로 가득 찼으며, 연못 바닥에는 금모래가 깔려 있다. 연못 둘레에는 금·은·청옥·수정의 네 가지 보석으로 된 네 개의 층계가 있고, 그 위에는 누각이 있는데, 금·은·청옥·수정·붉은 진주·마노·호박으로 찬란하게 꾸며져 있다. 그리고 그 연못 속에는 수레바퀴만 한 연꽃이 피어, 푸른빛에서는 푸른 광채가 나고, 누른빛에서는 누른 광채가, 붉은빛에서는 붉은 광채, 흰빛에서는

흰 광채가 나는데, 참으로 아름답고 향기롭고 정결하다. 사리불이여, 극락세계는 이와 같은 공덕장엄으로 이루어졌느니라.

사리불이여, 또 저 불국토에는 항상 천상의 음악이 연주되고, 대지는 황금색으로 빛나고 있다. 그리고 밤낮으로 천상의 만다라 꽃비가 내린다. 그 불국토의 중생들은 이른 아침마다 바구니에 여러 가지 아름다운 꽃을 담아 다른 세계로 다니면서 십만억 부처님께 공양하고, 조반 전에 돌아와 식사를 마치고 산책한다. 사리불이여, 극락세계는 이와 같은 공덕장엄으로 이루어졌느니라.

또 그 불국토에는 아름답고 기묘한 여러 빛깔을 가진 백학·공작·앵무새·사리새·가릉

빈가·공명조 등이 밤낮을 가리지 않고 항상 화평하고 맑은 소리로 노래한다. 그들이 노래하면 오근과 오력과 칠보리분과 팔정도를 설하는 소리가 흘러나온다. 그 나라 중생들이 그 소리를 들으면, 부처님을 생각하고 법문을 생각하며 스님들을 생각하게 된다.

사리불이여, 이 새들이 죄업으로 생긴 것이라고는 생각하지 말라. 왜냐하면 그 불국토에는 지옥·아귀·축생 등, 삼악도가 없기 때문이다. 거기에는 지옥이라는 이름도 없는데 어떻게 실지로 그런 것이 있겠는가. 이와 같은 새들은 법문을 설하기 위해 모두 아미타불께서 화현으로 만든 것이다.

그 불국토에 미풍이 불면 보석으로 장식된 가

로수와 나망에서 아름다운 소리가 나는데, 그것은 마치 백천 가지 악기가 합주하는 듯하다. 이 소리를 듣는 사람은 부처님을 생각하고 법문을 생각하며 스님들을 생각할 마음이 저절로 우러난다. 사리불이여, 극락세계는 이와 같은 공덕장엄으로 이루어졌느니라.

사리불이여. 그 부처님을 어째서 '아미타불'이라 하는 줄 아는가? 그 부처님의 광명이 한량없어 시방세계를 두루 비추어도 조금도 걸림이 없기 때문이다.

또 그 부처님의 수명과 그 나라 인민의 수명이 한량없고 끝이 없는 아승기겁이므로 아미타불이라 한다. 아미타불이 부처가 된 지는 벌써 열 겁이 지났다.

사리불이여, 그 부처님에게는 헤아릴 수 없이 많은 성문 제자들이 있는데 모두 아라한들이다. 어떠한 산수로도 성문 제자들의 수효를 헤아릴 수 없고, 보살 대중의 수도 또한 그렇다. 사리불이여, 극락세계는 이와 같은 공덕장엄으로 이루어졌느니라.

사리불이여, 극락세계에 태어나는 중생들은 다 보리심에서 물러나지 않는 이들이며, 그 가운데는 일생보처에 오른 이들이 수없이 많아 숫자와 비유로도 헤아릴 수 없고, 오직 무량무변 아승기로 표현할 수밖에 없다.

이 말을 들은 중생들은 마땅히 서원을 세워 저 세계에 가서 나기를 원해야 할 것이다. 왜냐하면, 거기 가면 그와 같이 으뜸가는 사람

들과 한데 모여 살 수 있기 때문이다.

사리불이여, 조그마한 선근이나 복덕의 인연으로 저 세계에 가서 날 수 없느니라.

선남자 선여인이 아미타불에 대한 이야기를 듣고 하루나 이틀, 혹은 사흘·나흘·닷새·엿새·이레 동안 한결같은 마음으로 아미타불의 이름을 외우되, 조금도 마음이 흐트러지지 않으면 그가 임종할 때에 아미타불이 여러 거룩한 분들과 함께 그 사람 앞에 나타날 것이며 그가 목숨을 마칠 때에 생각이 뒤바뀌지 않고 아미타불의 극락세계에 왕생하게 될 것이다.

사리불이여, 나는 이러한 도리를 알고 그와 같은 말을 하나니, 어떤 중생이든지 이 말

을 들으면 마땅히 저 국토에 가서 나기를 원하라.

사리불이여, 내가 지금 아미타불의 한량없는 공덕을 찬탄한 것처럼, 동방에도 아촉비불·수미상불·대수미불·수미광불·묘음불이 계신다. 이러한 수없는 부처님들이 각기 그 세계에서 삼천대천세계에 두루 미치도록 진실한 말씀으로 "너희 중생들은 '불가사의한 공덕의 칭찬' '모든 부처님이 한결같이 보호함'이라고 하는 이 법문을 믿으라."고 설법하시느니라.

사리불이여, 남방세계에도 일월등불·명문광불·대염견불·수미등불·무량정진불이 계신다. 이러한 수없는 부처님들이 각기 그 세

계에서 삼천대천세계를 두루 미치도록 진실한 말씀으로 "너희 중생들은 '불가사의한 공덕의 칭찬' '모든 부처님이 한결같이 보호함'이라고 하는 이 법문을 믿으라."고 설법하시느니라.

사리불이여, 서방세계에도 무량수불·무량상불·무량당불·대광불·대명불·보상불·정광불이 계신다. 이러한 수없는 부처님들이 각기 그 세계에서 삼천대천세계를 두루 미치도록 진실한 말씀으로 "너희 중생들은 '불가사의한 공덕의 칭찬' '모든 부처님이 한결같이 보호함'이라고 하는 이 법문을 믿으라."고 설법하시느니라.

사리불이여, 북방세계에도 염견불·최승음

불·난저불·일생불·망명불이 계신다. 이러한 수없는 부처님들이 각기 그 세계에서 삼천대천세계를 두루 미치도록 진실한 말씀으로 "너희 중생들은 '불가사의한 공덕의 칭찬' '모든 부처님이 한결같이 보호함'이라고 하는 이 법문을 믿으라."고 설법하시느니라.

사리불이여, 하방세계에도 사자불·명문불·명광불·달마불·법당불·지법불이 계신다. 이러한 수없는 부처님들이 각기 그 세계에서 삼천대천세계를 두루 미치도록 진실한 말씀으로 "너희 중생들은 '불가사의한 공덕의 칭찬' '모든 부처님이 한결같이 보호함'이라고 하는 이 법문을 믿으라."고 설법하시느니라.

사리불이여, 상방세계에도 범음불·숙왕불·

향상불 · 향광불 · 대염견불 · 잡색보화엄신불 · 사라수왕불 · 보화덕불 · 견일체의불 · 여수미산불이 계신다. 이러한 수없는 부처님들이 각기 그 세계에서 삼천대천세계를 두루 미치도록 진실한 말씀으로 "너희 중생들은 '불가사의한 공덕의 칭찬' '모든 부처님이 한결같이 보호함'이라고 하는 이 법문을 믿으라."고 설법하시느니라.

사리불이여, 이 경을 가리켜 어째서 모든 부처님들이 한결같이 보호하는 법문이라 하는 줄 아는가? 선남자 선여인들이 있어 이 법문을 듣고 받아 지니거나 부처님의 이름을 들으면, 모든 부처님의 보호를 받아 바른 깨달음에서 물러나지 않기 때문이다. 그러므로 그

대들은 내 말과 여러 부처님의 말씀을 잘 믿어라.

사리불이여, 어떤 사람이 아미타불의 세계에 가서 나기를 이미 발원하였거나 지금 발원하거나 혹은 장차 발원한다면, 그는 바른 깨달음에서 물러나지 않고, 그 세계에 벌써 났거나 지금 나거나 혹은 장차 날 것이다. 그러므로 신심이 있는 선남자 선여인은 마땅히 극락세계에 가서 나기를 발원해야 할 것이다.

사리불이여, 내가 지금 여러 부처님의 불가사의한 공덕을 칭찬하듯이, 저 부처님들도 또한 "석가모니 부처님이 어렵고 희유한 일을 하셨다. 시대가 흐리고, 견해가 흐리고, 번뇌가 흐리고, 중생이 흐리고, 생명이 흐린 사바

세계의 오탁악세에서 바른 깨달음을 얻고 중생들을 위해 세상에서 믿기 어려운 법을 설한다."고 나의 불가사의한 공덕을 칭찬하시느니라.

사리불이여, 내가 이 오탁악세에서 갖은 고생 끝에 바른 깨달음을 얻고, 모든 세상을 위해 믿기 어려운 법을 설하는 것은 결코 쉬운 일이 아님을 알아라."

부처님께서 이 경을 말씀하시니, 사리불과 비구들과 모든 세간의 천인 아수라들도 부처님의 말씀을 듣고 기뻐하면서 예배하고 물러갔다.

사경한 날 :   년   월   일

3 불설아미타경

나무 연지해회 불보살
나무 연지해회 불보살
나무 연지해회 불보살

이와 같이 내가 들었다. 어느 때 부처님은 1,250인이나 되는 많은 비구들과 함께 사위국 기원정사에 계시었다.
그들은 모두 덕이 높은 큰 아라한으로 여러 사람들이 잘 아는 이들이었다. 즉, 장로 사리불·마하목건련·마하가섭·마하가전연·마하구치라, 리바다·주리반타가·난다·아난다·라후라·교범바제·빈두로파라타·가

루다이 · 마하겁빈나 · 박구라 · 아누루타와 같은 큰 제자들이었다.

이 밖에 법의 왕자인 문수사리를 비롯하여 아일다보살 · 건타하제보살 · 상정진보살 등 큰 보살과 석제환인 등 수많은 천인들도 자리를 같이 했었다. 그때 부처님께서 장로 사리불에게 말씀하셨다.

"여기에서 서쪽으로 십만억 불국토를 지나간 곳에 극락이라고 하는 세계가 있다. 거기에 아미타불이 계시어 지금도 법을 설하신다. 사리불이여, 저 세계를 어째서 극락이라 하는 줄 아는가? 거기에 있는 중생들은 아무 괴로움도 없이 즐거운 일만 있으므로 극락이라 하는 것이다.

극락세계에는 일곱 겹으로 된 난간과 일곱 겹의 나망과 일곱 겹의 가로수가 있는데, 금·은·청옥·수정의 네 가지 보석으로 눈부시게 장식되어 있다. 극락세계에는 또 칠보로 된 연못이 있고, 그 연못은 여덟 가지 공덕이 있는 물로 가득 찼으며, 연못 바닥에는 금모래가 깔려 있다. 연못 둘레에는 금·은·청옥·수정의 네 가지 보석으로 된 네 개의 층계가 있고, 그 위에는 누각이 있는데, 금·은·청옥·수정·붉은 진주·마노·호박으로 찬란하게 꾸며져 있다. 그리고 그 연못 속에는 수레바퀴만 한 연꽃이 피어, 푸른빛에서는 푸른 광채가 나고, 누른빛에서는 누른 광채가, 붉은빛에서는 붉은 광채, 흰빛에서는

흰 광채가 나는데, 참으로 아름답고 향기롭고 정결하다. 사리불이여, 극락세계는 이와 같은 공덕장엄으로 이루어졌느니라.

사리불이여, 또 저 불국토에는 항상 천상의 음악이 연주되고, 대지는 황금색으로 빛나고 있다. 그리고 밤낮으로 천상의 만다라 꽃비가 내린다. 그 불국토의 중생들은 이른 아침마다 바구니에 여러 가지 아름다운 꽃을 담아 다른 세계로 다니면서 십만억 부처님께 공양하고, 조반 전에 돌아와 식사를 마치고 산책한다. 사리불이여, 극락세계는 이와 같은 공덕장엄으로 이루어졌느니라.

또 그 불국토에는 아름답고 기묘한 여러 빛깔을 가진 백학·공작·앵무새·사리새·가릉

빈가·공명조 등이 밤낮을 가리지 않고 항상 화평하고 맑은 소리로 노래한다. 그들이 노래하면 오근과 오력과 칠보리분과 팔정도를 설하는 소리가 흘러나온다. 그 나라 중생들이 그 소리를 들으면, 부처님을 생각하고 법문을 생각하며 스님들을 생각하게 된다.

사리불이여, 이 새들이 죄업으로 생긴 것이라고는 생각하지 말라. 왜냐하면 그 불국토에는 지옥·아귀·축생 등, 삼악도가 없기 때문이다. 거기에는 지옥이라는 이름도 없는데 어떻게 실지로 그런 것이 있겠는가. 이와 같은 새들은 법문을 설하기 위해 모두 아미타불께서 화현으로 만든 것이다.

그 불국토에 미풍이 불면 보석으로 장식된 가

로수와 나망에서 아름다운 소리가 나는데, 그것은 마치 백천 가지 악기가 합주하는 듯하다. 이 소리를 듣는 사람은 부처님을 생각하고 법문을 생각하며 스님들을 생각할 마음이 저절로 우러난다. 사리불이여, 극락세계는 이와 같은 공덕장엄으로 이루어졌느니라.

사리불이여, 그 부처님을 어째서 '아미타불'이라 하는 줄 아는가? 그 부처님의 광명이 한량없어 시방세계를 두루 비추어도 조금도 걸림이 없기 때문이다.

또 그 부처님의 수명과 그 나라 인민의 수명이 한량없고 끝이 없는 아승기겁이므로 아미타불이라 한다. 아미타불이 부처가 된 지는 벌써 열 겁이 지났다.

사리불이여, 그 부처님에게는 헤아릴 수 없이 많은 성문 제자들이 있는데 모두 아라한들이다. 어떠한 산수로도 성문 제자들의 수효를 헤아릴 수 없고, 보살 대중의 수도 또한 그렇다. 사리불이여, 극락세계는 이와 같은 공덕장엄으로 이루어졌느니라.

사리불이여, 극락세계에 태어나는 중생들은 다 보리심에서 물러나지 않는 이들이며, 그 가운데는 일생보처에 오른 이들이 수없이 많아 숫자와 비유로도 헤아릴 수 없고, 오직 무량무변 아승기로 표현할 수밖에 없다.

이 말을 들은 중생들은 마땅히 서원을 세워 저 세계에 가서 나기를 원해야 할 것이다. 왜냐하면, 거기 가면 그와 같이 으뜸가는 사람

들과 한데 모여 살 수 있기 때문이다.

사리불이여, 조그마한 선근이나 복덕의 인연으로 저 세계에 가서 날 수 없느니라.

선남자 선여인이 아미타불에 대한 이야기를 듣고 하루나 이틀, 혹은 사흘·나흘·닷새·엿새·이레 동안 한결같은 마음으로 아미타불의 이름을 외우되, 조금도 마음이 흐트러지지 않으면 그가 임종할 때에 아미타불이 여러 거룩한 분들과 함께 그 사람 앞에 나타날 것이며 그가 목숨을 마칠 때에 생각이 뒤바뀌지 않고 아미타불의 극락세계에 왕생하게 될 것이다.

사리불이여, 나는 이러한 도리를 알고 그와 같은 말을 하나니, 어떤 중생이든지 이 말

을 들으면 마땅히 저 국토에 가서 나기를 원하라.

사리불이여, 내가 지금 아미타불의 한량없는 공덕을 찬탄한 것처럼, 동방에도 아촉비불·수미상불·대수미불·수미광불·묘음불이 계신다. 이러한 수없는 부처님들이 각기 그 세계에서 삼천대천세계에 두루 미치도록 진실한 말씀으로 "너희 중생들은 '불가사의한 공덕의 칭찬' '모든 부처님이 한결같이 보호함'이라고 하는 이 법문을 믿으라."고 설법하시느니라.

사리불이여, 남방세계에도 일월등불·명문광불·대염견불·수미등불·무량정진불이 계신다. 이러한 수없는 부처님들이 각기 그 세

계에서 삼천대천세계를 두루 미치도록 진실한 말씀으로 "너희 중생들은 '불가사의한 공덕의 칭찬' '모든 부처님이 한결같이 보호함'이라고 하는 이 법문을 믿으라."고 설법하시느니라.

사리불이여, 서방세계에도 무량수불·무량상불·무량당불·대광불·대명불·보상불·정광불이 계신다. 이러한 수없는 부처님들이 각기 그 세계에서 삼천대천세계를 두루 미치도록 진실한 말씀으로 "너희 중생들은 '불가사의한 공덕의 칭찬' '모든 부처님이 한결같이 보호함'이라고 하는 이 법문을 믿으라."고 설법하시느니라.

사리불이여, 북방세계에도 염견불·최승음

불·난저불·일생불·망명불이 계신다. 이러한 수없는 부처님들이 각기 그 세계에서 삼천대천세계를 두루 미치도록 진실한 말씀으로 "너희 중생들은 '불가사의한 공덕의 칭찬' '모든 부처님이 한결같이 보호함'이라고 하는 이 법문을 믿으라."고 설법하시느니라.

사리불이여, 하방세계에도 사자불·명문불·명광불·달마불·법당불·지법불이 계신다. 이러한 수없는 부처님들이 각기 그 세계에서 삼천대천세계를 두루 미치도록 진실한 말씀으로 "너희 중생들은 '불가사의한 공덕의 칭찬' '모든 부처님이 한결같이 보호함'이라고 하는 이 법문을 믿으라."고 설법하시느니라.

사리불이여, 상방세계에도 범음불·숙왕불·

향상불·향광불·대염견불·잡색보화엄신불·사라수왕불·보화덕불·견일체의불·여수미산불이 계신다. 이러한 수없는 부처님들이 각기 그 세계에서 삼천대천세계를 두루 미치도록 진실한 말씀으로 "너희 중생들은 '불가사의한 공덕의 칭찬' '모든 부처님이 한결같이 보호함'이라고 하는 이 법문을 믿으라."고 설법하시느니라.

사리불이여, 이 경을 가리켜 어째서 모든 부처님들이 한결같이 보호하는 법문이라 하는 줄 아는가? 선남자 선여인들이 있어 이 법문을 듣고 받아 지니거나 부처님의 이름을 들으면, 모든 부처님의 보호를 받아 바른 깨달음에서 물러나지 않기 때문이다. 그러므로 그

대들은 내 말과 여러 부처님의 말씀을 잘 믿어라.

사리불이여, 어떤 사람이 아미타불의 세계에 가서 나기를 이미 발원하였거나 지금 발원하거나 혹은 장차 발원한다면, 그는 바른 깨달음에서 물러나지 않고, 그 세계에 벌써 났거나 지금 나거나 혹은 장차 날 것이다. 그러므로 신심이 있는 선남자 선여인은 마땅히 극락세계에 가서 나기를 발원해야 할 것이다.

사리불이여, 내가 지금 여러 부처님의 불가사의한 공덕을 칭찬하듯이, 저 부처님들도 또한 "석가모니 부처님이 어렵고 희유한 일을 하셨다. 시대가 흐리고, 견해가 흐리고, 번뇌가 흐리고, 중생이 흐리고, 생명이 흐린 사바

세계의 오탁악세에서 바른 깨달음을 얻고 중생들을 위해 세상에서 믿기 어려운 법을 설한다."고 나의 불가사의한 공덕을 칭찬하시느니라.

사리불이여, 내가 이 오탁악세에서 갖은 고생 끝에 바른 깨달음을 얻고, 모든 세상을 위해 믿기 어려운 법을 설하는 것은 결코 쉬운 일이 아님을 알아라."

부처님께서 이 경을 말씀하시니, 사리불과 비구들과 모든 세간의 천인 아수라들도 부처님의 말씀을 듣고 기뻐하면서 예배하고 물러갔다.

사경한 날 :　　　년　　월　　일

4 불설아미타경

나무 연지해회 불보살
나무 연지해회 불보살
나무 연지해회 불보살

이와 같이 내가 들었다. 어느 때 부처님은 1,250인이나 되는 많은 비구들과 함께 사위국 기원정사에 계시었다.
그들은 모두 덕이 높은 큰 아라한으로 여러 사람들이 잘 아는 이들이었다. 즉, 장로 사리불·마하목건련·마하가섭·마하가전연·마하구치라, 리바다·주리반타가·난다·아난다·라후라·교범바제·빈두로파라타·가

루다이·마하겁빈나·박구라·아누루타와 같은 큰 제자들이었다.

이 밖에 법의 왕자인 문수사리를 비롯하여 아일다보살·건타하제보살·상정진보살 등 큰 보살과 석제환인 등 수많은 천인들도 자리를 같이 했었다. 그때 부처님께서 장로 사리불에게 말씀하셨다.

"여기에서 서쪽으로 십만억 불국토를 지나간 곳에 극락이라고 하는 세계가 있다. 거기에 아미타불이 계시어 지금도 법을 설하신다. 사리불이여, 저 세계를 어째서 극락이라 하는 줄 아는가? 거기에 있는 중생들은 아무 괴로움도 없이 즐거운 일만 있으므로 극락이라 하는 것이다.

극락세계에는 일곱 겹으로 된 난간과 일곱 겹의 나망과 일곱 겹의 가로수가 있는데, 금·은·청옥·수정의 네 가지 보석으로 눈부시게 장식되어 있다. 극락세계에는 또 칠보로 된 연못이 있고, 그 연못은 여덟 가지 공덕이 있는 물로 가득 찼으며, 연못 바닥에는 금모래가 깔려 있다. 연못 둘레에는 금·은·청옥·수정의 네 가지 보석으로 된 네 개의 층계가 있고, 그 위에는 누각이 있는데, 금·은·청옥·수정·붉은 진주·마노·호박으로 찬란하게 꾸며져 있다. 그리고 그 연못 속에는 수레바퀴만 한 연꽃이 피어, 푸른빛에서는 푸른 광채가 나고, 누른빛에서는 누른 광채가, 붉은빛에서는 붉은 광채, 흰빛에서는

흰 광채가 나는데, 참으로 아름답고 향기롭고 정결하다. 사리불이여, 극락세계는 이와 같은 공덕장엄으로 이루어졌느니라.

사리불이여, 또 저 불국토에는 항상 천상의 음악이 연주되고, 대지는 황금색으로 빛나고 있다. 그리고 밤낮으로 천상의 만다라 꽃비가 내린다. 그 불국토의 중생들은 이른 아침마다 바구니에 여러 가지 아름다운 꽃을 담아 다른 세계로 다니면서 십만억 부처님께 공양하고, 조반 전에 돌아와 식사를 마치고 산책한다. 사리불이여, 극락세계는 이와 같은 공덕장엄으로 이루어졌느니라.

또 그 불국토에는 아름답고 기묘한 여러 빛깔을 가진 백학·공작·앵무새·사리새·가릉

빈가·공명조 등이 밤낮을 가리지 않고 항상 화평하고 맑은 소리로 노래한다. 그들이 노래하면 오근과 오력과 칠보리분과 팔정도를 설하는 소리가 흘러나온다. 그 나라 중생들이 그 소리를 들으면, 부처님을 생각하고 법문을 생각하며 스님들을 생각하게 된다.

사리불이여, 이 새들이 죄업으로 생긴 것이라고는 생각하지 말라. 왜냐하면 그 불국토에는 지옥·아귀·축생 등, 삼악도가 없기 때문이다. 거기에는 지옥이라는 이름도 없는데 어떻게 실지로 그런 것이 있겠는가. 이와 같은 새들은 법문을 설하기 위해 모두 아미타불께서 화현으로 만든 것이다.

그 불국토에 미풍이 불면 보석으로 장식된 가

로수와 나망에서 아름다운 소리가 나는데, 그것은 마치 백천 가지 악기가 합주하는 듯하다. 이 소리를 듣는 사람은 부처님을 생각하고 법문을 생각하며 스님들을 생각할 마음이 저절로 우러난다. 사리불이여, 극락세계는 이와 같은 공덕장엄으로 이루어졌느니라.

사리불이여, 그 부처님을 어째서 '아미타불'이라 하는 줄 아는가? 그 부처님의 광명이 한량없어 시방세계를 두루 비추어도 조금도 걸림이 없기 때문이다.

또 그 부처님의 수명과 그 나라 인민의 수명이 한량없고 끝이 없는 아승기겁이므로 아미타불이라 한다. 아미타불이 부처가 된 지는 벌써 열 겁이 지났다.

사리불이여, 그 부처님에게는 헤아릴 수 없이 많은 성문 제자들이 있는데 모두 아라한들이다. 어떠한 산수로도 성문 제자들의 수효를 헤아릴 수 없고, 보살 대중의 수도 또한 그렇다. 사리불이여, 극락세계는 이와 같은 공덕장엄으로 이루어졌느니라.

사리불이여, 극락세계에 태어나는 중생들은 다 보리심에서 물러나지 않는 이들이며, 그 가운데는 일생보처에 오른 이들이 수없이 많아 숫자와 비유로도 헤아릴 수 없고, 오직 무량무변 아승기로 표현할 수밖에 없다.

이 말을 들은 중생들은 마땅히 서원을 세워 저 세계에 가서 나기를 원해야 할 것이다. 왜냐하면, 거기 가면 그와 같이 으뜸가는 사람

들과 한데 모여 살 수 있기 때문이다.

사리불이여, 조그마한 선근이나 복덕의 인연으로 저 세계에 가서 날 수 없느니라.

선남자 선여인이 아미타불에 대한 이야기를 듣고 하루나 이틀, 혹은 사흘·나흘·닷새·엿새·이레 동안 한결같은 마음으로 아미타불의 이름을 외우되, 조금도 마음이 흐트러지지 않으면 그가 임종할 때에 아미타불이 여러 거룩한 분들과 함께 그 사람 앞에 나타날 것이며 그가 목숨을 마칠 때에 생각이 뒤바뀌지 않고 아미타불의 극락세계에 왕생하게 될 것이다.

사리불이여, 나는 이러한 도리를 알고 그와 같은 말을 하나니, 어떤 중생이든지 이 말

을 들으면 마땅히 저 국토에 가서 나기를 원하라.

사리불이여, 내가 지금 아미타불의 한량없는 공덕을 찬탄한 것처럼, 동방에도 아촉비불·수미상불·대수미불·수미광불·묘음불이 계신다. 이러한 수없는 부처님들이 각기 그 세계에서 삼천대천세계에 두루 미치도록 진실한 말씀으로 "너희 중생들은 '불가사의한 공덕의 칭찬' '모든 부처님이 한결같이 보호함'이라고 하는 이 법문을 믿으라."고 설법하시느니라.

사리불이여, 남방세계에도 일월등불·명문광불·대염견불·수미등불·무량정진불이 계신다. 이러한 수없는 부처님들이 각기 그 세

계에서 삼천대천세계를 두루 미치도록 진실한 말씀으로 "너희 중생들은 '불가사의한 공덕의 칭찬' '모든 부처님이 한결같이 보호함'이라고 하는 이 법문을 믿으라."고 설법하시느니라.

사리불이여, 서방세계에도 무량수불·무량상불·무량당불·대광불·대명불·보상불·정광불이 계신다. 이러한 수없는 부처님들이 각기 그 세계에서 삼천대천세계를 두루 미치도록 진실한 말씀으로 "너희 중생들은 '불가사의한 공덕의 칭찬' '모든 부처님이 한결같이 보호함'이라고 하는 이 법문을 믿으라."고 설법하시느니라.

사리불이여, 북방세계에도 염견불·최승음

불·난저불·일생불·망명불이 계신다. 이러한 수없는 부처님들이 각기 그 세계에서 삼천대천세계를 두루 미치도록 진실한 말씀으로 "너희 중생들은 '불가사의한 공덕의 칭찬' '모든 부처님이 한결같이 보호함'이라고 하는 이 법문을 믿으라."고 설법하시느니라.

사리불이여, 하방세계에도 사자불·명문불·명광불·달마불·법당불·지법불이 계신다. 이러한 수없는 부처님들이 각기 그 세계에서 삼천대천세계를 두루 미치도록 진실한 말씀으로 "너희 중생들은 '불가사의한 공덕의 칭찬' '모든 부처님이 한결같이 보호함'이라고 하는 이 법문을 믿으라."고 설법하시느니라.

사리불이여, 상방세계에도 범음불·숙왕불·

향상불·향광불·대염견불·잡색보화엄신불·사라수왕불·보화덕불·견일체의불·여수미산불이 계신다. 이러한 수없는 부처님들이 각기 그 세계에서 삼천대천세계를 두루 미치도록 진실한 말씀으로 "너희 중생들은 '불가사의한 공덕의 칭찬' '모든 부처님이 한결같이 보호함'이라고 하는 이 법문을 믿으라."고 설법하시느니라.

사리불이여. 이 경을 가리켜 어째서 모든 부처님들이 한결같이 보호하는 법문이라 하는 줄 아는가? 선남자 선여인들이 있어 이 법문을 듣고 받아 지니거나 부처님의 이름을 들으면, 모든 부처님의 보호를 받아 바른 깨달음에서 물러나지 않기 때문이다. 그러므로 그

대들은 내 말과 여러 부처님의 말씀을 잘 믿어라.

사리불이여, 어떤 사람이 아미타불의 세계에 가서 나기를 이미 발원하였거나 지금 발원하거나 혹은 장차 발원한다면, 그는 바른 깨달음에서 물러나지 않고, 그 세계에 벌써 났거나 지금 나거나 혹은 장차 날 것이다. 그러므로 신심이 있는 선남자 선여인은 마땅히 극락세계에 가서 나기를 발원해야 할 것이다.

사리불이여, 내가 지금 여러 부처님의 불가사의한 공덕을 칭찬하듯이, 저 부처님들도 또한 "석가모니 부처님이 어렵고 희유한 일을 하셨다. 시대가 흐리고, 견해가 흐리고, 번뇌가 흐리고, 중생이 흐리고, 생명이 흐린 사바

세계의 오탁악세에서 바른 깨달음을 얻고 중생들을 위해 세상에서 믿기 어려운 법을 설한다."고 나의 불가사의한 공덕을 칭찬하시느니라.

사리불이여, 내가 이 오탁악세에서 갖은 고생 끝에 바른 깨달음을 얻고, 모든 세상을 위해 믿기 어려운 법을 설하는 것은 결코 쉬운 일이 아님을 알아라."

부처님께서 이 경을 말씀하시니, 사리불과 비구들과 모든 세간의 천인 아수라들도 부처님의 말씀을 듣고 기뻐하면서 예배하고 물러갔다.

사경한 날 :   년   월   일

5 불설아미타경

나무 연지해회 불보살
나무 연지해회 불보살
나무 연지해회 불보살

이와 같이 내가 들었다. 어느 때 부처님은 1,250인이나 되는 많은 비구들과 함께 사위국 기원정사에 계시었다.
그들은 모두 덕이 높은 큰 아라한으로 여러 사람들이 잘 아는 이들이었다. 즉, 장로 사리불 · 마하목건련 · 마하가섭 · 마하가전연 · 마하구치라, 리바다 · 주리반타가 · 난다 · 아난다 · 라후라 · 교범바제 · 빈두로파라타 · 가루다이·마하겁빈나·박구라·아누루타와 같은 큰 제자들이었다.

이 밖에 법의 왕자인 문수사리를 비롯하여 아일다보살·건타하제보살·상정진보살 등 큰 보살과 석제환인 등 수많은 천인들도 자리를 같이 했었다. 그때 부처님께서 장로 사리불에게 말씀하셨다.

"여기에서 서쪽으로 십만억 불국토를 지나간 곳에 극락이라고 하는 세계가 있다. 거기에 아미타불이 계시어 지금도 법을 설하신다. 사리불이여, 저 세계를 어째서 극락이라 하는 줄 아는가? 거기에 있는 중생들은 아무 괴로움도 없이 즐거운 일만 있으므로 극락이라 하는 것이다.

극락세계에는 일곱 겹으로 된 난간과 일곱 겹의 나망과 일곱 겹의 가로수가 있는데, 금·은·청옥·수정의 네 가지 보석으로 눈부시게 장식되어 있다. 극락세계에는 또 칠보로 된 연못이 있고, 그 연못은 여덟 가지 공덕이 있는 물로 가득 찼으며, 연못 바닥에는 금모래가 깔려 있다. 연못 둘레에는 금·은·청옥·수정의 네 가지 보석으로 된 네 개의 층계가 있고, 그 위에는 누각이 있는데, 금·은·청옥·수정·붉은 진주·마노·호박으로 찬란하게 꾸며져 있다. 그리고 그 연못 속에는 수레바퀴만 한 연꽃이 피어, 푸른빛에서는 푸른 광채가 나고, 누른빛에서는 누른 광채가, 붉은빛에서는 붉은 광채, 흰빛에서는

흰 광채가 나는데, 참으로 아름답고 향기롭고 정결하다. 사리불이여, 극락세계는 이와 같은 공덕장엄으로 이루어졌느니라.

사리불이여, 또 저 불국토에는 항상 천상의 음악이 연주되고, 대지는 황금색으로 빛나고 있다. 그리고 밤낮으로 천상의 만다라 꽃비가 내린다. 그 불국토의 중생들은 이른 아침마다 바구니에 여러 가지 아름다운 꽃을 담아 다른 세계로 다니면서 십만억 부처님께 공양하고, 조반 전에 돌아와 식사를 마치고 산책한다. 사리불이여, 극락세계는 이와 같은 공덕장엄으로 이루어졌느니라.

또 그 불국토에는 아름답고 기묘한 여러 빛깔을 가진 백학·공작·앵무새·사리새·가릉

빈가·공명조 등이 밤낮을 가리지 않고 항상 화평하고 맑은 소리로 노래한다. 그들이 노래하면 오근과 오력과 칠보리분과 팔정도를 설하는 소리가 흘러나온다. 그 나라 중생들이 그 소리를 들으면, 부처님을 생각하고 법문을 생각하며 스님들을 생각하게 된다.

사리불이여, 이 새들이 죄업으로 생긴 것이라고는 생각하지 말라. 왜냐하면 그 불국토에는 지옥·아귀·축생 등, 삼악도가 없기 때문이다. 거기에는 지옥이라는 이름도 없는데 어떻게 실지로 그런 것이 있겠는가. 이와 같은 새들은 법문을 설하기 위해 모두 아미타불께서 화현으로 만든 것이다.

그 불국토에 미풍이 불면 보석으로 장식된 가

로수와 나망에서 아름다운 소리가 나는데, 그것은 마치 백천 가지 악기가 합주하는 듯하다. 이 소리를 듣는 사람은 부처님을 생각하고 법문을 생각하며 스님들을 생각할 마음이 저절로 우러난다. 사리불이여, 극락세계는 이와 같은 공덕장엄으로 이루어졌느니라.

사리불이여, 그 부처님을 어째서 '아미타불'이라 하는 줄 아는가? 그 부처님의 광명이 한량없어 시방세계를 두루 비추어도 조금도 걸림이 없기 때문이다.

또 그 부처님의 수명과 그 나라 인민의 수명이 한량없고 끝이 없는 아승기겁이므로 아미타불이라 한다. 아미타불이 부처가 된 지는 벌써 열 겁이 지났다.

사리불이여, 그 부처님에게는 헤아릴 수 없이 많은 성문 제자들이 있는데 모두 아라한들이다. 어떠한 산수로도 성문 제자들의 수효를 헤아릴 수 없고, 보살 대중의 수도 또한 그렇다. 사리불이여, 극락세계는 이와 같은 공덕장엄으로 이루어졌느니라.

사리불이여, 극락세계에 태어나는 중생들은 다 보리심에서 물러나지 않는 이들이며, 그 가운데는 일생보처에 오른 이들이 수없이 많아 숫자와 비유로도 헤아릴 수 없고, 오직 무량무변 아승기로 표현할 수밖에 없다.

이 말을 들은 중생들은 마땅히 서원을 세워 저 세계에 가서 나기를 원해야 할 것이다. 왜냐하면, 거기 가면 그와 같이 으뜸가는 사람

들과 한데 모여 살 수 있기 때문이다.

사리불이여, 조그마한 선근이나 복덕의 인연으로 저 세계에 가서 날 수 없느니라.

선남자 선여인이 아미타불에 대한 이야기를 듣고 하루나 이틀, 혹은 사흘·나흘·닷새·엿새·이레 동안 한결같은 마음으로 아미타불의 이름을 외우되, 조금도 마음이 흐트러지지 않으면 그가 임종할 때에 아미타불이 여러 거룩한 분들과 함께 그 사람 앞에 나타날 것이며 그가 목숨을 마칠 때에 생각이 뒤바뀌지 않고 아미타불의 극락세계에 왕생하게 될 것이다.

사리불이여, 나는 이러한 도리를 알고 그와 같은 말을 하나니, 어떤 중생이든지 이 말

을 들으면 마땅히 저 국토에 가서 나기를 원하라.

사리불이여, 내가 지금 아미타불의 한량없는 공덕을 찬탄한 것처럼, 동방에도 아촉비불·수미상불·대수미불·수미광불·묘음불이 계신다. 이러한 수없는 부처님들이 각기 그 세계에서 삼천대천세계에 두루 미치도록 진실한 말씀으로 "너희 중생들은 '불가사의한 공덕의 칭찬' '모든 부처님이 한결같이 보호함'이라고 하는 이 법문을 믿으라."고 설법하시느니라.

사리불이여, 남방세계에도 일월등불·명문광불·대염견불·수미등불·무량정진불이 계신다. 이러한 수없는 부처님들이 각기 그 세

계에서 삼천대천세계를 두루 미치도록 진실한 말씀으로 "너희 중생들은 '불가사의한 공덕의 칭찬' '모든 부처님이 한결같이 보호함'이라고 하는 이 법문을 믿으라."고 설법하시느니라.

사리불이여, 서방세계에도 무량수불·무량상불·무량당불·대광불·대명불·보상불·정광불이 계신다. 이러한 수없는 부처님들이 각기 그 세계에서 삼천대천세계를 두루 미치도록 진실한 말씀으로 "너희 중생들은 '불가사의한 공덕의 칭찬' '모든 부처님이 한결같이 보호함'이라고 하는 이 법문을 믿으라."고 설법하시느니라.

사리불이여, 북방세계에도 염견불·최승음

불·난저불·일생불·망명불이 계신다. 이러한 수없는 부처님들이 각기 그 세계에서 삼천대천세계를 두루 미치도록 진실한 말씀으로 "너희 중생들은 '불가사의한 공덕의 칭찬' '모든 부처님이 한결같이 보호함'이라고 하는 이 법문을 믿으라."고 설법하시느니라.

사리불이여, 하방세계에도 사자불·명문불·명광불·달마불·법당불·지법불이 계신다. 이러한 수없는 부처님들이 각기 그 세계에서 삼천대천세계를 두루 미치도록 진실한 말씀으로 "너희 중생들은 '불가사의한 공덕의 칭찬' '모든 부처님이 한결같이 보호함'이라고 하는 이 법문을 믿으라."고 설법하시느니라.

사리불이여, 상방세계에도 범음불·숙왕불·

향상불·향광불·대염견불·잡색보화엄신불·사라수왕불·보화덕불·견일체의불·여수미산불이 계신다. 이러한 수없는 부처님들이 각기 그 세계에서 삼천대천세계를 두루 미치도록 진실한 말씀으로 "너희 중생들은 '불가사의한 공덕의 칭찬' '모든 부처님이 한결같이 보호함'이라고 하는 이 법문을 믿으라."고 설법하시느니라.

사리불이여, 이 경을 가리켜 어째서 모든 부처님들이 한결같이 보호하는 법문이라 하는 줄 아는가? 선남자 선여인들이 있어 이 법문을 듣고 받아 지니거나 부처님의 이름을 들으면, 모든 부처님의 보호를 받아 바른 깨달음에서 물러나지 않기 때문이다. 그러므로 그

대들은 내 말과 여러 부처님의 말씀을 잘 믿어라.

사리불이여, 어떤 사람이 아미타불의 세계에 가서 나기를 이미 발원하였거나 지금 발원하거나 혹은 장차 발원한다면, 그는 바른 깨달음에서 물러나지 않고, 그 세계에 벌써 났거나 지금 나거나 혹은 장차 날 것이다. 그러므로 신심이 있는 선남자 선여인은 마땅히 극락세계에 가서 나기를 발원해야 할 것이다.

사리불이여, 내가 지금 여러 부처님의 불가사의한 공덕을 칭찬하듯이, 저 부처님들도 또한 "석가모니 부처님이 어렵고 희유한 일을 하셨다. 시대가 흐리고, 견해가 흐리고, 번뇌가 흐리고, 중생이 흐리고, 생명이 흐린 사바

세계의 오탁악세에서 바른 깨달음을 얻고 중생들을 위해 세상에서 믿기 어려운 법을 설한다."고 나의 불가사의한 공덕을 칭찬하시느니라.

사리불이여, 내가 이 오탁악세에서 갖은 고생 끝에 바른 깨달음을 얻고, 모든 세상을 위해 믿기 어려운 법을 설하는 것은 결코 쉬운 일이 아님을 알아라."

부처님께서 이 경을 말씀하시니, 사리불과 비구들과 모든 세간의 천인 아수라들도 부처님의 말씀을 듣고 기뻐하면서 예배하고 물러갔다.

사경한 날 :　　　년　　월　　일

불설아미타경

나무 연지해회 불보살
나무 연지해회 불보살
나무 연지해회 불보살

이와 같이 내가 들었다. 어느 때 부처님은 1,250인이나 되는 많은 비구들과 함께 사위국 기원정사에 계시었다.
그들은 모두 덕이 높은 큰 아라한으로 여러 사람들이 잘 아는 이들이었다. 즉, 장로 사리불 · 마하목건련 · 마하가섭 · 마하가전연 · 마하구치라, 리바다 · 주리반타가 · 난다 · 아난다 · 라후라 · 교범바제 · 빈두로파라타 · 가루다이·마하겁빈나·박구라·아누루타와 같은 큰 제자들이었다.

이 밖에 법의 왕자인 문수사리를 비롯하여 아일다보살·건타하제보살·상정진보살 등 큰 보살과 석제환인 등 수많은 천인들도 자리를 같이 했었다. 그때 부처님께서 장로 사리불에게 말씀하셨다.

"여기에서 서쪽으로 십만억 불국토를 지나간 곳에 극락이라고 하는 세계가 있다. 거기에 아미타불이 계시어 지금도 법을 설하신다. 사리불이여, 저 세계를 어째서 극락이라 하는 줄 아는가? 거기에 있는 중생들은 아무 괴로움도 없이 즐거운 일만 있으므로 극락이라 하는 것이다.

극락세계에는 일곱 겹으로 된 난간과 일곱 겹의 나망과 일곱 겹의 가로수가 있는데, 금·은·청옥·수정의 네 가지 보석으로 눈부시게 장식되어 있다. 극락세계에는 또 칠보로 된 연못이 있고, 그 연못은 여덟 가지 공덕이 있는 물로 가득 찼으며, 연못 바닥에는 금모래가 깔려 있다. 연못 둘레에는 금·은·청옥·수정의 네 가지 보석으로 된 네 개의 층계가 있고, 그 위에는 누각이 있는데, 금·은·청옥·수정·붉은 진주·마노·호박으로 찬란하게 꾸며져 있다. 그리고 그 연못 속에는 수레바퀴만 한 연꽃이 피어, 푸른빛에서는 푸른 광채가 나고, 누른빛에서는 누른 광채가, 붉은빛에서는 붉은 광채, 흰빛에서는

흰 광채가 나는데, 참으로 아름답고 향기롭고 정결하다. 사리불이여, 극락세계는 이와 같은 공덕장엄으로 이루어졌느니라.

사리불이여, 또 저 불국토에는 항상 천상의 음악이 연주되고, 대지는 황금색으로 빛나고 있다. 그리고 밤낮으로 천상의 만다라 꽃비가 내린다. 그 불국토의 중생들은 이른 아침마다 바구니에 여러 가지 아름다운 꽃을 담아 다른 세계로 다니면서 십만억 부처님께 공양하고, 조반 전에 돌아와 식사를 마치고 산책한다. 사리불이여, 극락세계는 이와 같은 공덕장엄으로 이루어졌느니라.

또 그 불국토에는 아름답고 기묘한 여러 빛깔을 가진 백학·공작·앵무새·사리새·가릉

빈가·공명조 등이 밤낮을 가리지 않고 항상 화평하고 맑은 소리로 노래한다. 그들이 노래하면 오근과 오력과 칠보리분과 팔정도를 설하는 소리가 흘러나온다. 그 나라 중생들이 그 소리를 들으면, 부처님을 생각하고 법문을 생각하며 스님들을 생각하게 된다.

사리불이여, 이 새들이 죄업으로 생긴 것이라고는 생각하지 말라. 왜냐하면 그 불국토에는 지옥·아귀·축생 등, 삼악도가 없기 때문이다. 거기에는 지옥이라는 이름도 없는데 어떻게 실지로 그런 것이 있겠는가. 이와 같은 새들은 법문을 설하기 위해 모두 아미타불께서 화현으로 만든 것이다.

그 불국토에 미풍이 불면 보석으로 장식된 가

로수와 나망에서 아름다운 소리가 나는데, 그것은 마치 백천 가지 악기가 합주하는 듯하다. 이 소리를 듣는 사람은 부처님을 생각하고 법문을 생각하며 스님들을 생각할 마음이 저절로 우러난다. 사리불이여, 극락세계는 이와 같은 공덕장엄으로 이루어졌느니라.

사리불이여, 그 부처님을 어째서 '아미타불'이라 하는 줄 아는가? 그 부처님의 광명이 한량없어 시방세계를 두루 비추어도 조금도 걸림이 없기 때문이다.

또 그 부처님의 수명과 그 나라 인민의 수명이 한량없고 끝이 없는 아승기겁이므로 아미타불이라 한다. 아미타불이 부처가 된 지는 벌써 열 겁이 지났다.

사리불이여, 그 부처님에게는 헤아릴 수 없이 많은 성문 제자들이 있는데 모두 아라한들이다. 어떠한 산수로도 성문 제자들의 수효를 헤아릴 수 없고, 보살 대중의 수도 또한 그렇다. 사리불이여, 극락세계는 이와 같은 공덕장엄으로 이루어졌느니라.

사리불이여, 극락세계에 태어나는 중생들은 다 보리심에서 물러나지 않는 이들이며, 그 가운데는 일생보처에 오른 이들이 수없이 많아 숫자와 비유로도 헤아릴 수 없고, 오직 무량무변 아승기로 표현할 수밖에 없다.

이 말을 들은 중생들은 마땅히 서원을 세워 저 세계에 가서 나기를 원해야 할 것이다. 왜냐하면, 거기 가면 그와 같이 으뜸가는 사람

들과 한데 모여 살 수 있기 때문이다.
사리불이여, 조그마한 선근이나 복덕의 인연으로 저 세계에 가서 날 수 없느니라.
선남자 선여인이 아미타불에 대한 이야기를 듣고 하루나 이틀, 혹은 사흘·나흘·닷새·엿새·이레 동안 한결같은 마음으로 아미타불의 이름을 외우되, 조금도 마음이 흐트러지지 않으면 그가 임종할 때에 아미타불이 여러 거룩한 분들과 함께 그 사람 앞에 나타날 것이며 그가 목숨을 마칠 때에 생각이 뒤바뀌지 않고 아미타불의 극락세계에 왕생하게 될 것이다.
사리불이여, 나는 이러한 도리를 알고 그와 같은 말을 하나니, 어떤 중생이든지 이 말

을 들으면 마땅히 저 국토에 가서 나기를 원하라.

사리불이여, 내가 지금 아미타불의 한량없는 공덕을 찬탄한 것처럼, 동방에도 아촉비불 · 수미상불 · 대수미불 · 수미광불 · 묘음불이 계신다. 이러한 수없는 부처님들이 각기 그 세계에서 삼천대천세계에 두루 미치도록 진실한 말씀으로 "너희 중생들은 '불가사의한 공덕의 칭찬' '모든 부처님이 한결같이 보호함'이라고 하는 이 법문을 믿으라."고 설법하시느니라.

사리불이여, 남방세계에도 일월등불 · 명문광불 · 대염견불 · 수미등불 · 무량정진불이 계신다. 이러한 수없는 부처님들이 각기 그 세

계에서 삼천대천세계를 두루 미치도록 진실한 말씀으로 "너희 중생들은 '불가사의한 공덕의 칭찬' '모든 부처님이 한결같이 보호함'이라고 하는 이 법문을 믿으라."고 설법하시느니라.

사리불이여, 서방세계에도 무량수불·무량상불·무량당불·대광불·대명불·보상불·정광불이 계신다. 이러한 수없는 부처님들이 각기 그 세계에서 삼천대천세계를 두루 미치도록 진실한 말씀으로 "너희 중생들은 '불가사의한 공덕의 칭찬' '모든 부처님이 한결같이 보호함'이라고 하는 이 법문을 믿으라."고 설법하시느니라.

사리불이여, 북방세계에도 염견불·최승음

불·난저불·일생불·망명불이 계신다. 이러한 수없는 부처님들이 각기 그 세계에서 삼천대천세계를 두루 미치도록 진실한 말씀으로 "너희 중생들은 '불가사의한 공덕의 칭찬' '모든 부처님이 한결같이 보호함'이라고 하는 이 법문을 믿으라."고 설법하시느니라.

사리불이여, 하방세계에도 사자불·명문불·명광불·달마불·법당불·지법불이 계신다. 이러한 수없는 부처님들이 각기 그 세계에서 삼천대천세계를 두루 미치도록 진실한 말씀으로 "너희 중생들은 '불가사의한 공덕의 칭찬' '모든 부처님이 한결같이 보호함'이라고 하는 이 법문을 믿으라."고 설법하시느니라.

사리불이여, 상방세계에도 범음불·숙왕불·

향상불·향광불·대염견불·잡색보화엄신불·사라수왕불·보화덕불·견일체의불·여수미산불이 계신다. 이러한 수없는 부처님들이 각기 그 세계에서 삼천대천세계를 두루 미치도록 진실한 말씀으로 "너희 중생들은 '불가사의한 공덕의 칭찬' '모든 부처님이 한결같이 보호함'이라고 하는 이 법문을 믿으라."고 설법하시느니라.

사리불이여, 이 경을 가리켜 어째서 모든 부처님들이 한결같이 보호하는 법문이라 하는 줄 아는가? 선남자 선여인들이 있어 이 법문을 듣고 받아 지니거나 부처님의 이름을 들으면, 모든 부처님의 보호를 받아 바른 깨달음에서 물러나지 않기 때문이다. 그러므로 그

대들은 내 말과 여러 부처님의 말씀을 잘 믿어라.

사리불이여, 어떤 사람이 아미타불의 세계에 가서 나기를 이미 발원하였거나 지금 발원하거나 혹은 장차 발원한다면, 그는 바른 깨달음에서 물러나지 않고, 그 세계에 벌써 났거나 지금 나거나 혹은 장차 날 것이다. 그러므로 신심이 있는 선남자 선여인은 마땅히 극락세계에 가서 나기를 발원해야 할 것이다.

사리불이여, 내가 지금 여러 부처님의 불가사의한 공덕을 칭찬하듯이, 저 부처님들도 또한 "석가모니 부처님이 어렵고 희유한 일을 하셨다. 시대가 흐리고, 견해가 흐리고, 번뇌가 흐리고, 중생이 흐리고, 생명이 흐린 사바

세계의 오탁악세에서 바른 깨달음을 얻고 중생들을 위해 세상에서 믿기 어려운 법을 설한다."고 나의 불가사의한 공덕을 칭찬하시느니라.

사리불이여, 내가 이 오탁악세에서 갖은 고생 끝에 바른 깨달음을 얻고, 모든 세상을 위해 믿기 어려운 법을 설하는 것은 결코 쉬운 일이 아님을 알아라."

부처님께서 이 경을 말씀하시니, 사리불과 비구들과 모든 세간의 천인 아수라들도 부처님의 말씀을 듣고 기뻐하면서 예배하고 물러갔다.

사경한 날 :　　　　년　　월　　일

사경관념문(寫經觀念文)

물은 대자비로 흐른 지혜의 물이요 먹은 깊은 선정의 굳은 먹입니다. 이제 한마음으로 실상법신의 문자를 옮겨 씁니다.
이 문자는 삼세제불의 깊고 깊은 가르침이며 모든 부처님의 진실한 참모습입니다.
이 말씀은 선정과 지혜의 법문이니 나와 남을 위하는 공덕이 두루 갖춰져 있습니다. 그리하여 이 경의 말씀은 온 누리의 모든 중생을 살펴보아 근기에 맞춰 설법해 널리 이웃을 이롭게 합니다.
이런 까닭에 저희 불자들은 지금 우리말 아미타경 사경 법회를 봉행합니다.
원컨대 이 공덕으로 저희들과 더불어 착한 덕을 쌓는 이는 물론 온 누리의 중생이 끝없는 옛적부터 몸과 입과 생각으로 지어 온 모든 허물이 남김없이 소멸되어 살아서는 소원을 성취하고 죽음을 맞아서는 바른 생각으로 부처님을 잊지 않고 진리의 참모습을 살펴서 불도를 깨달아 윤회의 바다를 벗어나게 하여지이다.

사경회향문(寫經廻向文)

사경공덕 수승하여 복과 지혜 자라나니
몸과 마음 굳게 가져 보리심을 발합니다.
저와 함께 모든 이웃 보현행원 함께 닦아
세세생생 보살의 길 나아가기 원합니다.
여기 이 문자는 시방 삼세의 모든 부처님의 진실한 참모습이며 깊은 가르침입니다.
이 사경의 공덕 더없이 뛰어나서 복과 지혜 더욱 자라나고 마음 마음마다 보리심이요, 생각 생각마다 자비심입니다.
가족과 모든 이웃들이 보현보살님의 행원을 닦고 닦아 세세생생토록 보살의 길로 나아가길 원하옵니다. 진리의 기쁨이 날로 늘어가고 지혜의 문은 환하게 열리어 모두가 즐거운 정토세계로 나아가기 원하옵니다.
몸과 마음 굳게 가져 보리심을 발합니다.
나무 석가모니불. 나무 석가모니불. 나무 시아본사 석가모니불.

우리말 아미타경 사경본(사철제본)

초판 1쇄 펴냄 2018년 8월 25일
초판 4쇄 펴냄 2024년 2월 16일

펴 낸 이 원명
펴 낸 곳 (주)조계종출판사
출판등록 제2007-000078호(2007. 4. 27)
주   소 서울시 종로구 삼봉로 81 두산위브파빌리온 1308호
전   화 (02)720-6107
팩   스 (02)733-6708
구입문의 불교전문서점 향전 02) 2031-2070 / www.jbbook.co.kr

ISBN 979-11-5580-215-1 (03220)

※ 저작권법에 의하여 보호를 받는 저작물이므로 무단으로 복사, 전재하거나 변형하여 사용할 수 없습니다.
※ 책값은 뒤표지에 있습니다.
※ (주)조계종출판사의 수익금은 포교·교육 기금으로 활용됩니다.